¡Encuentra las diferencias!

# Narices

## Daniel Nunn

Heinemann Library
Chicago, Illinois

Customer Service   888–454–2279

Visit our website at www.heinemannlibrary.com

Photo research by Erica Newbery
Designed by Jo Hinton-Malivoire
Translated into Spanish and produced by DoubleO Publishing Services
Printed and bound in China by South China Printing Company
10 09 08 07 06
10 9 8 7 6 5 4 3 2 1

**Library of Congress Cataloging-in-Publication Data**
Nunn, Daniel.
  [Noses. Spanish]
  Narices / Daniel Nunn.
     p. cm. -- (¡Encuentra las diferencias!)
  ISBN 1-4034-8719-7 (hb - library binding) -- ISBN 1-4034-8724-3 (pb)
  1.  Noses--Juvenile literature.  I. Title.
  QL947.N8618 2007
  599.14'4--dc22

                          2006028256

**Acknowledgments**
The author and publisher are grateful to the following for permission to reproduce copyright material:
Alamy p. **6** (Steve Bloom); Ardea pp. **7** (Ingrid van den Berg), **19** (M.Watson); Corbis pp. **8** (Zefa/Daniel Boschung), **11** (Yann Arthus-Bertrand), **14** (Tim Davis), **18** (Royalty Free), **21**; FLPA p. **5** (David Hosking); Getty Images pp. **17** (Gallo Images/Martin Harvey), **20** Blend Images); Nature Picture Library pp. **4** (Aflo), **9** (Jose Schell), **10** (Andrew Harrington), **13** (Lynn M. Stone), **16** (Gertrud & Helmut Denzau); NHPA p. **12** (Jany Sauvanet); Science Photo Library p. **15** (Gary Meszaros).

Cover image of a cow's nose reproduced with permission of Alamy/Ace Stock Limited.

Every effort has been made to contact copyright holders of any material reproduced in this book.
Any omissions will be rectified in subsequent printings if notice is given to the publisher.

# Contenido

# ¿Qué es una nariz?

nariz

Muchos animales tienen una nariz.

Los animales usan la nariz para oler.

6

Los animales
usan la nariz
para respirar.

Muchos animales tienen la nariz
en la cabeza.

# Formas y tamaños diferentes

Hay narices de muchas formas.

Hay narices de muchos tamaños.

Éste es un alce.

Tiene una nariz grande.

Éste es un ratón.

Tiene una nariz pequeña.

Éste es un oso hormiguero.

Tiene una nariz larga.

Éste es un gato.

Tiene una nariz corta.

Éste es un cerdo.

Tiene una nariz chata.

# Narices increíbles

Éste es un mono.

Tiene una nariz azul y roja.

Éste es un topo.

Usa la nariz para encontrar el camino.

Éste es un camello. Puede cerrar la nariz.
Así no entra la arena.

trompa

Éste es un elefante.

Usa la nariz para agarrar cosas.

17

Éste es un oso polar.

Puede oler comida desde muy lejos.

Éste es un perro.

Usa la nariz para encontrar cosas.

19

# Las narices y tú

Las personas también tienen nariz.

Las personas usan la nariz para oler.

Las personas usan la nariz para respirar.

Las personas son como otros animales.

# ¡Encuentra las diferencias!

¿Cuántas diferencias ves?

# Glosario ilustrado

**respirar**  tomar aire

**oler**  sentir cosas con la nariz

# Índice

**Nota a padres y maestros**

Los estándares nacionales de ciencias recomiendan que los niños pequeños comprendan que los animales tienen diferentes partes que cumplen funciones distintas. *Narices* presenta a los niños esta parte del cuerpo y cómo se usa para oler y respirar. El texto y las fotografías ayudan a los niños a identificar y comparar en qué se parecen y se diferencian las narices en un grupo de animales diversos, incluyendo a los seres humanos.

El texto fue elegido cuidadosamente con la ayuda de una experta en lecto-escritura, de modo que los lectores principiantes puedan leer con éxito tanto de forma independiente como con cierta ayuda. Se consultó a un experto en animales para que el contenido fuera interesante y acertado.

Puede apoyar las destrezas de lecto-escritura para no ficción de los niños ayudándolos a usar la tabla de contenido, los encabezados, el glosario ilustrado y el índice.